いつでもおいしい

冷凍保存の
シンプルレシピ

堤 人美

宝島社

はじめに

忙しかったり、疲れていたり、買い物に行けなかったり…
そんなときも、下ごしらえまで済ませて冷凍保存したおかずがあれば、
ちゃんとおいしいごはんが、簡単に作れます。
気持ちや時間に余裕がなくても、
「冷凍庫にあれがある!」と思うと、すーっと心がらくになる気がします。

解凍せず、凍ったまま仕上げるシンプルなレシピで いろんな料理が作れて、とっても便利です

上手に保存するポイントは、
あえて料理を最後まで完成させず、下味をつけた段階で冷凍すること。
冷凍しているうちに素材に味がぐっとしみこんでおいしくなります。
アレンジを変え、好みの野菜をプラスするなどの工夫次第で
いろんな料理ができあがるのも、冷凍保存のいいところです。
しかも、「冷凍は便利だけど、解凍する手間がいや!」という声に応えて、
この本では凍ったまま調理できるシンプルレシピを集めました。

食品を無駄にせず、おいしく使い切れるのも 大きなポイントです

食品が新鮮なうちに「冷凍おかず」にしておけば
最後までちゃんと使い切れるから、経済的。
使い切れなかった食品が傷んでしまうストレスからも解放されます。
冷凍保存のアイデアで、慌ただしい生活の中でも
ほっと一息つける、ごはんの時間を作っていただけますように。

堤 人美

contents

基本の冷凍保存のやり方

密閉できる保存袋に食材を入れ、調味料を混ぜて冷凍するだけ。
味がしみておいしくなるだけでなく、鮮度もキープできます。

新鮮な食品と
清潔な保存袋を
用意します

食品が新鮮なうちに冷凍して、おいしさもしっかり保存。賞味期限直前にあわてて冷凍するのではなく、買ってきたら早めに下処理をして冷凍庫へ。

point

食品をできるだけ密閉しておいしさを保つため、箱型ではなくジッパーつきの保存袋を使います。使い回しを避け、必ず清潔なものを使ってください。

Step 1
保存袋に食品と
調味料を入れて…

鶏もも肉などの大きい食品は、食べやすい大きさに切って保存袋へ。そこに、下味用の調味料を加えます。袋の口を外側に折っておくと、きれいに入れられます。

point

食材に調味料が均等に行きわたるよう、混ざりにくい調味料を使う場合は、あらかじめよく混ぜておきましょう。

Step 2

袋ごとよくもんで、
混ぜあわせます

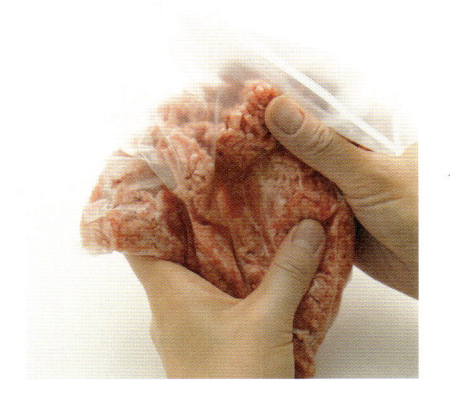

味にムラができないよう、調味料をまんべんなく
からませましょう。よく混ざったら、薄く平らにし
て冷気が行きわたりやすいようにします。

point

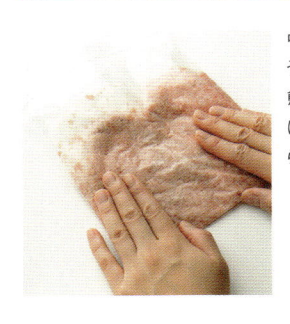

中身がこぼれ出ないよ
う、保存袋を立てた状
態で形を整えてから横
にして、手で押さえなが
ら平らにしていきます。

Step 3

空気を抜いて密閉し、
冷凍庫へ

肉や魚の酸化を防ぐためしっかり密閉。準備が
できたらすぐに冷凍します。金属製のバットや、
冷蔵庫の急速冷凍機能を使ってできるだけ速
く凍らせましょう。

point

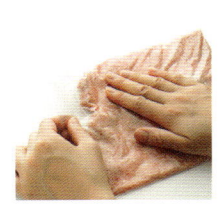

平らに広げて空気を抜き、保
存袋の口を3分の2くらい閉
めます。もう一度端から押さえ
てしっかり空気を抜き、口を閉
めて密閉します。

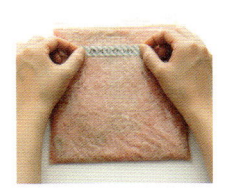

完全に凍ってしまうと何が入っ
ているか分かりにくくなるの
で、中身をテープなどに書い
て貼っておくと便利です。

基本の仕上げ方

解凍は不要。凍ったまま鍋やフライパンで仕上げます。
炒めものは蒸し焼きからスタート、汁ものは煮こみながら解凍します。

Step 1

解凍なし！
凍ったまま鍋やフライパンに

調理するときは、凍ったまま鍋やフライパンに
直接割り入れて調理します。面倒な解凍がい
らないので、仕上げがとってもシンプルです。

Step 2

溶けるまでそのまま
加熱して…

半解凍になるまで弱めの中火でじっくり加熱。
炒めものはそのまま、蒸しものや煮ものは水分
を加えてふたをします。食品によって途中で上
下を返します。

point

小さく割れないものは、
保存袋から出したままの
形で調理スタート。

電子レンジで仕上げると
きは、凍ったまま耐熱皿
にのせ、ラップをかけて
加熱します。

point

汁ものは、水、湯など
に調味料を加えた調味
液の中に、凍ったままの
「冷凍おかず」を入れ、
ことこと煮こみながら解
凍します。

Step 3

溶けてきたらほぐして
ふつうに調理します

肉がほぐれるようになったら、菜箸で少しずつほ
ぐしながら、冷凍でない食品と同じように調理
します。最後に味を調えれば、完成です。

できあがり

器に盛りつけて、薬味やつけあわせを添えます。

point

電子レンジで仕上げる
ものも、一気に加熱せ
ず、溶けてきたら一度
取り出してほぐすのがコ
ツ。その後もう一度レ
ンジで加熱すると、火
が均等に入ります。

注意すること

1回の料理で一袋使い切る

冷凍おかず一袋分は1回で使い切り、再冷凍は
避けましょう。本書では、2人分の料理を仕上げ
るのに使いやすい量のレシピを基本としています。

冷凍から
2〜3週間以内に食べ切る

冷凍しているうちに下味がしみるので、長くおきすぎ
ると味が濃くなってしまいます。食品の劣化を防ぐ
ためにも、2〜3週間以内には食べ切ってください。

この本のきまり

◎保存袋はMサイズ（約20cm×18cm）のジッパーつきマチなしタイプを使用
しています。

◎大さじ1＝15ml、小さじ1＝5ml、1カップ＝200mlです。

◎卵はMサイズを使用しています。

◎調理時間は、冷凍おかずの厚さや溶け具合、お使いの調理器具によっ
て異なります。レシピの時間を目安に、様子をみて調整してください。

◎電子レンジの加熱時間は、600Wでの目安です。500Wの場合は1.2
倍で調整してください。ただし、お使いの機種や使用年数によって加熱
時間が異なるので、取扱い説明書の指示に従い、レシピの時間を目安に、
様子をみて調整してください。

Part 1

アレンジ自在
肉＆魚の冷凍保存

肉や魚に下味をつけて下ごしらえ。

メインおかずはもちろん、汁ものや小鉢にもできます。

仕上げのアレンジが効きやすいよう、

下味はごくシンプルなものにしています。

いろんな料理にアレンジしやすいレシピのほか、

最初から他の食材を組み合わせて、

一緒に冷凍しておくアイデアも。

豚ばらレモン

甘みのある豚ばら肉を、塩とレモンであっさりと。ほんのり効いた酸味で脂っぽさを感じさせません。豚肉のほか、鶏もも肉でもおいしく作れます。

◎材料（2人分）

豚ばら薄切り肉 ― 200g
塩 ― 小さじ 1/3
こしょう ― 適量
オリーブ油 ― 小さじ2
レモン（輪切り）― 3枚
ローリエ ― 1枚

◎作り方

1　豚肉は塩とこしょうをふり、保存袋に入れる。
2　1にオリーブ油を入れて（写真a）軽くもみ、レモンとローリエを加える。
3　平らに広げて空気を抜き（写真b）、口を閉じて冷凍する。

a

b

冷凍前の＋αで
自家製冷食
にもなります！

作り方は
17ページ

12

豚ばらのレモンで

豚肉のカリカリ焼き

凍ったままの「豚ばらレモン」をフライパンで焼くだけの簡単メニュー。
キッチンペーパーで脂を拭きとりながら炒めるのが、カリッと仕上げるコツ。

◎材料（2人分）

豚ばらレモン
（作り方は12ページ）
　— 1袋
オリーブ油 — 小さじ1
香菜 — 1/3束

◎作り方

1　フライパンにオリーブ油を熱し、凍ったままの「豚ばらレモン」を入れ、弱めの中火で5分ほど加熱する。

2　肉がほぐれるようになったら中火にし、ほぐしながら3分ほど炒める。ときどきキッチンペーパーで脂を取り除く。

3　器に盛り、根元を切った香菜を添える。

豚ばらレモンで

かぶと豚肉の焼きサラダ

やわらかなかぶと合わせた、温かいおかずサラダ。
酢とミントでアクセントをつけて、さっぱりと仕上げます。

◎**材料（2人分）**

豚ばらレモン
（作り方は12ページ）― 1袋
かぶ ― 3個
A｛　玉ねぎ（みじん切り）― 1/4個分
　　オリーブ油 ― 大さじ2
　　酢 ― 大さじ1
　　塩・こしょう ― 各適量
ミント ― 適量
オリーブ油 ― 小さじ1

◎**作り方**

1　かぶは皮つきのまま茎を2cmほど残して葉を
　落とし、6等分のくし形切りにする。ボウル
　に**A**を混ぜあわせる。

2　フライパンにオリーブ油を熱し、凍ったままの
　「豚ばらレモン」を入れ（写真）、弱めの中火
　で5分ほど加熱する。

3　肉がほぐれるようになったら中火にし、**1**のか
　ぶを加えて3分ほど炒めあわせる。

4　**A**を混ぜあわせたボウルに**3**とミントを入れ、
　さっくりと混ぜあわせる。

豚ばらレモンで

レモンジャーマンポテト

ベーコンの代わりに豚ばらレモンを使った、さわやかなジャーマンポテト。
粒マスタードを効かせた大人味は、白ワインとも相性ぴったりです。

◎材料（2人分）

豚ばらレモン
（作り方は12ページ）— 1袋
じゃがいも — 2個
水 — 大さじ3
しょうゆ — 小さじ1/2
塩・粗びき黒こしょう — 各適量
粒マスタード — 大さじ1
オリーブ油 — 小さじ2
（あれば）イタリアンパセリ — 適量

◎作り方

1　じゃがいもは皮つきのまま6等分のくし形切りにし、5分ほど水にさらす。

2　フライパンにオリーブ油を熱し、凍ったままの「豚ばらレモン」と1を入れる。水をふり、ふたをして弱めの中火で5〜6分蒸し焼きにする。途中肉の上下を返す。

3　ふたを取って肉をほぐし、じゃがいもに豚肉の油を吸わせるように3分ほどじっくり炒める（写真）。

4　しょうゆと塩・こしょうで味を調え、粒マスタードを和える。あればイタリアンパセリを添える。

豚ばらレモンで

レモン酸辣湯（サンラータン）

トマトの酸味と豆板醬（トウバンジャン）のうまみを効かせたピリ辛スープ。
レモンは煮こみすぎると苦味が出るので、溶けてほぐれたら取り除きます。

◎材料（2人分）

豚ばらレモン
（作り方は12ページ）
　　— 1袋
えのきだけ
　　— 1/2パック
トマト — 2個
厚揚げ — 1/4丁
A｛ 長ねぎ（斜め薄切り）
　　— 1/4本分
　　にんにく・しょうが
　（ともにみじん切り）
　　— 各1/2かけ分
　　豆板醬 — 小さじ1/3

水 — 2と1/2カップ
酒 — 大さじ1
しょうゆ — 大さじ1
塩・こしょう — 各適量
片栗粉 — 大さじ1
（大さじ2の水で溶く）
卵 — 1個
ごま油 — 大さじ1
（お好みで）ラー油・こしょう
　　— 各適量

◎作り方

1 えのきだけは根元を切り落とし、トマトはざく切りにする。厚揚げは熱湯を回しかけて油抜きし、1cm角の棒状に切る。

2 鍋にごま油を熱し、**A**を入れて弱火で炒める。香りが出たら水と酒を加える。煮立ったら中火にし、**1**のえのきだけと凍ったままの「豚ばらレモン」を加え、あくを取りながら煮る。

3 肉がほぐれるようになったらレモンを取り除き、**1**のトマトと厚揚げを加えて2分ほど煮る。

4 しょうゆと塩・こしょうで味を調え、水で溶いた片栗粉を加えてとろみをつける。卵を溶き入れ、すぐに火を止める。お好みでラー油とこしょうをふる。

豚とアサリの
ポルトガル風蒸しもの

冷凍前の「豚ばらレモン」にひと手間加えた、おしゃれな一品料理。
蒸し上げると、アサリのうまみが肉にからんで絶品に！

◎材料（2人分）

冷凍前の豚ばらレモン
（作り方は12ページ）― 1袋
アサリ ― 200g
玉ねぎ ― 1/4個
パプリカ（黄）― 1/2個
にんにく（つぶしたもの）― 1かけ

水 ― 大さじ3
酒 ― 1/4カップ

◎作り方

1　アサリは砂抜きし、流水でこすり洗いする。玉ねぎは薄切りにし、パプリカは縦半分に切って薄切りにする。
2　保存袋に、冷凍前の「豚ばらレモン」、**1**の玉ねぎ、パプリカ、にんにく、**1**のアサリの順に重ね入れる。
3　平らに広げて空気を抜き、口を閉じて冷凍する。

◎食べ方

4　フライパンに凍ったままの**3**を入れ、水と酒を加え、ふたをして弱火で10分ほど蒸す。
5　ふたを取って中火にし、肉をほぐしながら4〜5分炒めあわせる。

豚こまトマト

トマトが調味料で具材にも。鶏肉や牛肉、ひき肉でも作れ、和洋中、どんな料理にもOK。そのまま煮てカレーにしたり、野菜を入れてラタトゥイユにも。

◎材料 (2人分)

豚こま切れ肉 ― 200g

トマト ― 1個

A { にんにく (すりおろし) ―1/2かけ分

しょうゆ ― 小さじ2

塩 ― 小さじ1/3

◎作り方

1　トマトはざく切りにする。**A**はよく混ぜあわせる。

2　保存袋に豚肉を入れ、塩をまぶす (写真**a**)。**1**を加えてよくもむ (写真**b**)。

3　平らに広げて空気を抜き、口を閉じて冷凍する。

豚こまトマトで

豚肉のトマト焼き

冷凍している間に、肉にしっかり味がしみているので、そのまま焼くだけで
おいしく完成。お好みの葉物野菜でくるんで食べるのがおすすめです。

◎材料（2人分）

豚こまトマト
（作り方は18ページ）
　　— 1袋
オリーブ油 — 小さじ2
サラダ菜 — 1個
かいわれ大根 — 適量

◎作り方

1　フライパンにオリーブ油を熱し、凍ったままの「豚こまトマト」
　　を割り入れ、弱めの中火で5分ほど加熱する。

2　肉の上下を返し、ほぐれるようになったら中火にし、ほぐし
　　ながら水けをとばすように2〜3分炒める。

3　器に盛り、サラダ菜とかいわれ大根を盛り合わせる。サラ
　　ダ菜で包んでいただく。

豚といんげんのモロッコ風炒め煮

野菜がたっぷり食べられるおすすめレシピ。モロッコいんげんがなければ、
ふつうのいんげんやピーマンでも。その場合は、様子をみて加熱時間を調節してください。

◎**材料（2人分）**

豚こまトマト
（作り方は18ページ）─ 1袋
モロッコいんげん ─ 25本（約300g）
塩・こしょう ─ 各適量
オリーブ油 ─ 小さじ2＋大さじ2

◎**作り方**

1　モロッコいんげんはへたを取り、半分に切る。
2　厚手の鍋にオリーブ油小さじ2を熱し、凍ったままの「豚こまトマト」を割り入れる（写真）。ふたをして、弱火で5〜6分加熱する。
3　ふたを取って肉の上下を返す。肉がほぐれるようになったら中火にし、**1**を加えて10分ほど煮る。オリーブ油大さじ2を回しかけ、塩・こしょうで味を調える。

豚こまトマトで

トマト肉じゃが

トマトの酸味とこくを生かした、うまみたっぷりの肉じゃがです。
豚こまトマトのおいしさをじゃがいもが残さず吸って、ほくほくの味わいに。

◎**材料（2人分）**

豚こまトマト
（作り方は18ページ）― 1袋
じゃがいも ― 3個
水 ― 3/4カップ
酒 ― 大さじ2
しょうゆ ― 小さじ1
オリーブ油 ― 大さじ1

◎**作り方**

1 じゃがいもは皮つきのまま4～6等分のくし形切りにし、5分ほど水にさらす。

2 鍋にオリーブ油を熱し、水けをきった **1** を入れ、中火でさっと炒める。

3 **2** に凍ったままの「豚こまトマト」を割り入れ、水と酒を加え、ふたをして煮る（写真）。

4 煮立ったら、あくを取りながら肉をほぐし、ふたをずらして15分ほど煮る。仕上げにしょうゆを回しかけ、汁けが少なくなるまで煮つめる。

豚塩ガーリック

冷凍すると肉の奥まで味がしっかりしみて、ぐんとやわらかく。
シンプルな下味なので、和洋中を問わずどんな料理にも使えます。

◎材料（2人分）

豚ばらかたまり肉 ― 300g

A ┌ 塩 ― 小さじ1/2
  │ こしょう ― 適量
  │ にんにく（薄切り） ― 2かけ分
  └ 酒 ― 大さじ1

◎作り方

1 豚肉は2cm厚さに切り、保存袋に入れる。

2 1にAを順に加えてよくもむ（写真 **a**、**b**）。

3 平らに広げて空気を抜き、口を閉じて冷凍する。

a　　　　　b

**冷凍前の＋αで
自家製冷食
にもなります！**

作り方は
27ページ

豚塩ガーリックで

ゆで豚

冷凍のおかげで、短時間でとろけるようにやわらかく。
ゆで汁は、塩・こしょうやナンプラーで味を調えればスープに。

◎材料（2人分）

豚塩ガーリック（作り方はP22ページ）— 1袋
A ┌ 長ねぎの青い部分 — 1本分
　 │ しょうが（皮ごと薄切り）— 3〜4枚
　 │ 水 — 3カップ
　 └ 酒 — 1/4カップ
コチュジャン・キムチ・
えごまの葉・サンチュ — 各適量

◎作り方

1 鍋に凍ったままの「豚塩ガーリック」と
　 Aを入れ、ふたをして弱めの中火で
　 20〜30分ゆでる。

2 器に盛り、コチュジャン・キムチ・え
　 ごまの葉・サンチュなどを添える。

豚肉のマーマレード煮

マーマレードとしょうゆで煮こんだ甘辛味は、大人にも子どもにも人気。
仕上げにフライドオニオンをかければ、サクサクのアクセントに。

◎材料（2人分）

豚塩ガーリック
（作り方は P22 ページ）— 1袋
A｛ 水 — 1と1/2 〜 2カップ
　　 酒 — 1/4カップ
　　 マーマレード — 100g
　　 しょうゆ — 小さじ1
（あれば）フライドオニオン — 適量

◎作り方

1 鍋に凍ったままの「豚塩ガーリック」を入れ、**A**を順に加える（写真）。ふたをして、弱めの中火で30 〜 40分煮る。途中あくを取りながら肉をほぐす。

2 ふたを取って強火にし、1分ほど煮からめる。

3 器に盛り、あればフライドオニオンをかける。

豚とかぶのポトフ

ごちそう感たっぷりの手間なしメニュー。
野菜は、煮くずれしないものなら何でも合います。

◎材料（2人分）

豚塩ガーリック
（作り方は P22 ページ）— 1袋
かぶ — 2個
にんじん — 2本
A｛ 水 — 4カップ
　　 酒 — 大さじ3
　　 ローリエ — 1枚
塩・こしょう — 各適量

◎作り方

1 かぶは皮つきのまま茎を2cmほど残して葉を落とす。にんじんは斜め4等分に切る。

2 鍋に**1**と**A**を入れ、凍ったままの「豚塩ガーリック」を加える（写真）。ふたをして、弱めの中火で40分ほど煮る。

3 塩・こしょうで味を調える。

豚塩ガーリックで

豚とキャベツのサワー煮

ワインビネガーが効いた、さっぱり味の洋風煮こみ。
ほのかなにんにくの香りで、ごはんにもパンにもよく合います。

◎**材料（2人分）**

豚塩ガーリック
（作り方は P22 ページ）— 1袋
キャベツ — 1/4玉（約300g）
玉ねぎ — 1/4個
水・白ワイン — 各大さじ2
白ワインビネガー — 大さじ1
こしょう — 適量
マスタード — 適量

◎**作り方**

1　キャベツはざく切りに、玉ねぎは薄切りにする。

2　鍋かフライパンに **1** を入れてさっくりと混ぜ、凍ったままの「豚塩ガーリック」をのせる。水と白ワインをふり（写真）、弱めの中火で肉をほぐしながら15〜20分ほど煮る。ワインビネガーを加えて混ぜる。

3　器に盛り、こしょうをふってマスタードを添える。

大豆と豚ガーリックの
トマト煮

「豚塩ガーリック」を冷凍する前に、トマト缶と豆をプラス。
ボリュームあるトマト煮こみが、鍋ひとつで簡単に仕上がります。

◎材料（2人分）

冷凍前の豚塩ガーリック
（作り方はP22ページ）— 1袋
玉ねぎ — 1/2個
大豆水煮（缶詰など）— 100g
トマト水煮（缶詰）— 1/2缶（200g）
オリーブ油 — 大さじ1
ローリエ — 1枚

水 — 1カップ
酒 — 大さじ2
塩・こしょう — 各適量

◎作り方

1　玉ねぎは薄切りにする。トマト水煮
　　は手でつぶすかはさみで細かく切る。

2　保存袋に、冷凍前の「豚塩ガーリッ
　　ク」、1の玉ねぎ、大豆水煮、1の
　　トマト水煮の順に重ね入れ、オリー
　　ブ油とローリエを加える。

3　平らに広げて空気を抜き、口を閉じ
　　て冷凍する。

◎食べ方

4　鍋かフライパンに凍ったままの3を
　　入れ、水と酒を加え、弱火で30分
　　ほど煮る。塩・こしょうで味を調える。

鶏もも甘辛しょうゆ

鶏肉は食べやすい大きさに切って冷凍。甘辛しょうゆ味は
とんかつ用の豚肉や、鯖やぶりなどの切り身でもおいしく作れます。

◎材料（2人分）

鶏もも肉 ― 2枚

A { しょうゆ ― 大さじ1と1/2
みりん・酒 ― 各大さじ1
砂糖 ― 小さじ2
片栗粉 ― 小さじ1/2 }

しょうが（薄切り） ― 2枚

◎作り方

1 **A**はよく混ぜあわせる（写真 **a**）。
2 鶏肉はそれぞれ6等分に切り、保存袋に入れる。**1**と
しょうがを加えて（写真 **b**）よくもむ。
3 平らに広げて空気を抜き、口を閉じて冷凍する。

a

b

鶏もも甘辛しょうゆで

鶏肉のレンジ照り焼き

レンジで完成する人気の照り焼きは、お弁当おかずにもぴったりです。
一気に加熱せず、こまめに取り出して肉をほぐしながら仕上げるのがコツ。

◎材料(2人分)

鶏もも甘辛しょうゆ
(作り方は28ページ)
　　　　— 1袋
レタス — 1/3玉

◎作り方

1 耐熱容器に凍ったままの「鶏もも甘辛しょうゆ」をのせてふんわりとラップをかけ、電子レンジで6分加熱する。いったん取り出して肉をほぐし、ラップをかけずにさらに4分加熱する。

2 煮汁を捨て、皮目を下にしてさらに3分加熱する。

3 器に盛り、レタスを盛り合わせる。

鶏肉とピーナッツの黒酢炒め

丸ごとピーナッツの歯ごたえがアクセントの中華風炒め。
仕上げに回しかける黒酢が、味に深みと奥行きを出してくれます。

◎材料（2人分）

鶏もも甘辛しょうゆ

（作り方は28ページ）— 1袋

パプリカ（赤・黄）— 各1/2個

エリンギ — 2本

長ねぎ — 1/2本

ピーナッツ — 15g

酒 — 大さじ1

塩・こしょう — 各適量

黒酢 — 大さじ2

ごま油 — 小さじ2

セロリの葉 — 適量

◎作り方

1　パプリカは乱切りに、エリンギは長さを半分に切ってから縦4等分に切る。長ねぎは1cm幅の斜め切りにする。

2　フライパンにごま油を熱し、凍ったままの「鶏もも甘辛しょうゆ」を入れ、弱めの中火で5〜6分加熱する。肉がほぐれるようになったら中火にし、ほぐしながら3分ほど炒める。

3　1とピーナッツを加えて、酒をふり、さっと炒めあわせる。塩・こしょうで味を調え、黒酢を回しかける。

4　器に盛り、セロリの葉を添える。

鶏もも甘辛しょうゆで

鶏肉と根菜のきんぴら

たっぷりの根菜と鶏肉が食べごたえのある、主菜になるきんぴら。
具材にしっかりしみた甘辛味で、ごはんがすすみます。

◎**材料（2人分）**

鶏もも甘辛しょうゆ
（作り方は28ページ）― 1袋
ごぼう ― 1本
にんじん ― 1/2本
糸こんにゃく ― 150g
赤唐辛子 ― 1本
A｛ しょうゆ ― 小さじ2
　　 水 ― 1/2カップ
ごま油 ― 大さじ1

◎**作り方**

1　ごぼうは包丁の背で皮をこそげ、回しながら太めの
　　ささがきにする。5分ほど水にさらし、水けをきる。
　　にんじんは太めのせん切りにする。糸こんにゃくは
　　下ゆでして食べやすい長さに切り、赤唐辛子は半
　　分に折ってたねを取る。

2　フライパンにごま油を熱し、凍ったままの「鶏もも
　　甘辛しょうゆ」を入れ、弱めの中火で5～6分加
　　熱する。

3　肉がほぐれるようになったら中火にし、**1**を加えて
　　2分ほど炒める（写真）。ごぼうがしんなりしたら全
　　体にさっと炒めあわせる。

4　**A**を加え、3分ほど炒め煮にする。

手羽元酢しょうゆ

冷凍とお酢のおかげで、やわらかジューシーな仕上がりに！
手羽元は深く切りこみを入れておくと味がしみやすく、火の通りもよくなります。

◎材料（2人分）

鶏手羽元 ― 6本

塩・こしょう ― 各適量

A { しょうゆ ― 大さじ1と1/2
    みりん・酒・酢 ― 各大さじ1
    砂糖 ― 小さじ2

しょうが（薄切り） ― 2枚

◎作り方

1　鶏肉は骨に沿って深く切りこみを入れる（写真 **a**）。
　　保存袋に入れ、塩・こしょうをふる（写真 **b**）。

2　**A**はよく混ぜあわせ、しょうがとともに、**1**に加えてよくもむ。

3　平らに広げて空気を抜き、口を閉じて冷凍する。

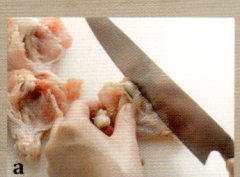

a　**b**

手羽元酢しょうゆで

手羽元と玉子の酢しょうゆ煮

鍋に入れてほっとくだけで、手羽元がやわらかく、ほろほろに。
ゆで卵はやわらかめの半熟にしておくと、煮こんでも固くなりません。

◎**材料（2人分）**

手羽元酢しょうゆ
（作り方は32ページ）― 1袋

卵 ― 2個

A ｛ 水 ― 1カップ
　　酒 ― 大さじ2

しょうゆ ― 小さじ1/2

しょうが（せん切り）― 適量

◎**作り方**

1 ゆで卵を作る。卵は常温に戻し、酢と塩各少々（ともに分量外）を加えた熱湯で5分ゆでる。水にとり、からをむく。

2 鍋に凍ったままの「手羽元酢しょうゆ」を入れ、**A**を加える。ふたをずらし、弱めの中火で20〜30分煮る。

3 ふたを取り、しょうゆと**1**を加え、中火でさらに3〜4分煮る。器に盛り、しょうがをのせる。

手羽元酢しょうゆで

手羽元大根の和風カレー

お蕎麦屋さんで食べるような、かつおだしの効いた和風カレー。
お好みで、七味とうがらしやしょうがなどを添えるのもおすすめ。

◎**材料（2人分）**

手羽元酢しょうゆ
（作り方は 32 ページ）— 1袋
大根 — 1/3 本（約400g）
玉ねぎ — 1/2 個
水 — 4カップ
酒 — 大さじ2
カレールゥ — 3かけ（約60g）
かつおぶし — 1パック（5g）
しょうゆ — 大さじ1
ごま油 — 大さじ1
ごはん — 400g

◎**作り方**

1 大根は乱切りに、玉ねぎは薄切りにする。

2 鍋にごま油を熱し、**1** を入れ、中火で1分半ほど炒める。

3 水と酒を加え、煮立ったら、凍ったままの「手羽元酢しょうゆ」を割り入れる（写真）。あくを取りながら中火で20〜30分煮る。

4 火を止め、カレールゥを加えて溶かす。再び火にかけ、かつおぶしを加えて混ぜあわせ、しょうゆで味を調える。

5 器にごはんを盛り、**4** をかける。

手羽元酢しょうゆで

手羽元の台湾風炒め

サクサクした歯ごたえの長いもと、ほろほろの手羽元が相性抜群。
中華の定番スパイス五香粉で、台湾屋台料理風に仕上げます。

◎材料（2人分）

手羽元酢しょうゆ
（作り方は32ページ）— 1袋
長いも — 250g
紹興酒（または酒）— 大さじ2
しょうゆ — 小さじ1
五香粉 — 小さじ1/2

◎作り方

1 長いもは乱切りにする。

2 フライパンに **1** を入れ、凍ったままの「手羽元酢しょうゆ」を割り入れる（写真）。ふたをして、弱火で10分ほど加熱する。

3 紹興酒としょうゆを加え、五香粉をふってさっと炒めあわせ、ふたをしてさらに10分ほど蒸し焼きにする。

牛肉梅オイスター

オイスターソースに梅肉を加えた深みのある下味です。
片栗粉を加えて、肉にしっかりと味をからませるのがポイント。豚肉にもよく合います。

◎材料（2人分）

牛切り落とし肉 ― 200g

梅干し ― 1個

A｜ 酒・ごま油 ― 各大さじ1
　　 オイスターソース ― 小さじ2
　　 しょうゆ・片栗粉 ― 各小さじ1
　　 しょうが（すりおろし）― 1/2かけ分

◎作り方

1　梅干しはたねを取ってペースト状になるまでたたき、**A**を加えてよく混ぜあわせる。

2　牛肉を保存袋に入れ、**1**を加えてよくもむ（写真 **a**、**b**）。

3　平らに広げて空気を抜き、口を閉じて冷凍する。

 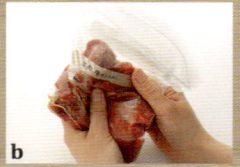

牛肉梅オイスターで

牛肉と豆苗のおかずサラダ

香りのいい野菜をたっぷり使った、食べごたえある主食サラダ。
肉にしっかり味がついているので、仕上げは黒酢だけでOKです。

◎材料（2人分）

牛肉梅オイスター
（作り方は36ページ）
　— 1袋
豆苗 — 1パック
クレソン — 1パック
ごま油 — 小さじ2
黒酢 — 大さじ1

◎作り方

1　豆苗は根元を切り落として半分に切る。クレソンは葉先をつむ。ともに5分ほど水にさらし、水けをきる。

2　フライパンにごま油を熱し、凍ったままの「牛肉梅オイスター」を入れ、弱めの中火で6〜7分加熱する。

3　肉の上下を返し、ほぐれるようになったら中火にし、ほぐしながら5分ほど炒める。

4　器に**1**を盛って、**3**をのせ、黒酢を回しかける。

牛肉梅オイスターで

牛肉とさつまいものレンジ蒸し

凍ったままさつまいもにのせて、レンジで蒸し上げます。
途中で取り出して肉をほぐすと、固くならずふんわりとした仕上がりに。

◎材料 (2人分)

牛肉梅オイスター
(作り方は36ページ) ― 1袋
さつまいも ― 1本 (約300g)
酒 ― 大さじ2
粗びき粉唐辛子 ― 適量

◎作り方

1 さつまいもは皮つきのまま1cm幅に切り、5分ほど水にさらし、耐熱容器に並べる (水けはとらなくてよい)。

2 1に凍ったままの「牛肉梅オイスター」を割りのせる。酒をふり (写真)、ふんわりとラップをかけ、電子レンジで4分加熱する。

3 いったん取り出して肉をほぐし、肉の上下を返して再びラップをかけ、さらに6〜7分加熱する。器に盛り、粗びき粉唐辛子をふる。

牛肉梅オイスターで

牛肉と卵のオイスター炒め

梅オイスターにトマトとザーサイの酸味がからんだ絶品炒め。
お好みで、食べる直前に酢を回しかけてもおいしくいただけます。

◎材料 (2人分)

牛肉梅オイスター
(作り方は36ページ) ― 1袋
卵 ― 2個
ザーサイ
(味つきまたは塩抜きしたもの)
　 ― 30g
トマト ― 2個
酒 ― 大さじ1
塩・こしょう ― 各適量
サラダ油 ― 小さじ2+小さじ2

◎作り方

1 ザーサイは太めのせん切りに、トマトはざく切りにする。

2 フライパンにサラダ油小さじ2を強火で熱し、卵を溶き入れて手早く大きくかき混ぜ、すぐに取り出す。

3 2のフライパンをキッチンペーパーでさっと拭く。サラダ油小さじ2を熱し、凍ったままの「牛肉梅オイスター」を割り入れ、弱めの中火で6〜7分加熱する。

4 肉がほぐれるようになったら中火にし、1のザーサイを加えて酒をふり、3分ほど炒めあわせる。

5 1のトマトを加えて塩・こしょうで味を調え、2の卵を戻し入れる。

汁物がすぐできる
スープのもとをフリージング

一品あるとほっとするみそ汁やスープも、冷凍でぐんと手軽に!
時間のない朝も手作りの味が楽しめる、おすすめスープのもとをご紹介。

冷凍みそ玉

冷凍保存期間
2〜3週間

お湯を注ぐだけで、できたての味に!

みそと実を1食分ずつラップに包み、巾着状に
きゅっと絞ってマスキングテープで固定します。だ
し代わりに、かつおぶしや昆布を入れておくのが
コツ。保存袋かプラスチックケースなどに入れて
冷凍すると、冷凍庫の中で迷子になりません。

◎食べ方
凍ったままラップを外してお椀に入れ、3/4〜1カッ
プの熱湯を注ぎ、軽く混ぜるだけ。

わかめ＆ねぎ

◎材料（1個分）
みそ — 小さじ2
かつおぶし — 2g
乾燥わかめ — ひとつまみ
万能ねぎ（小口切り）— 1本分

とろろ昆布＆梅

◎材料（1個分）
みそ — 小さじ2
とろろ昆布 — 大さじ1
白すりごま — 小さじ1
みょうが（小口切り）— 1本分
カリカリ梅
（たねをのぞいて細かく切る）
— 2〜3個分
※食べる直前にかいわれ大根を加える

ほうれんそう＆揚げ玉

◎材料（1個分）
みそ — 小さじ2
ほうれんそう
（さっとゆでて2cm長さに切る）
— 1/2株
揚げ玉 — 小さじ2
塩昆布 — 小さじ1/2

冷凍野菜ペースト

> 冷凍保存期間
> 2〜3週間

牛乳と生クリームなどでのばしてポタージュに

加熱してペースト状につぶした野菜に味つけをして、冷凍庫へ。凍ったまま鍋に入れ、牛乳と生クリームやヨーグルトを加えて溶かせば、色鮮やかな野菜のポタージュスープができます。温かいままでも、冷やしてもおいしくいただけます。

かぼちゃペースト

◎材料（スープ2人分）

かぼちゃ ― 1/4個
（たねと皮を除いて2cm角に切る）
玉ねぎ ― 1/2個（薄切り）

A{ 顆粒コンソメスープの素 ― 小さじ1/2
　 塩 ― 小さじ1/2
　 バター ― 大さじ1

1. 耐熱ボウルにすべての材料を入れてふんわりとラップをかけ、電子レンジで5分加熱する。いったん取り出し、ざっくりと混ぜて再びラップをかけ、さらに5分加熱する。　**2.** フードプロセッサーかミキサーでなめらかになるまで撹拌（かくはん）する。　**3.** 粗熱がとれたら保存袋に入れ、平らに広げて空気を抜き、口を閉じて冷凍する。

◎食べ方　鍋に凍ったままの **3** を入れ、牛乳1カップ、生クリーム1/4カップを加えて溶けるまで煮る。こしょうとカレー粉をふる。

ガーリックペースト

◎材料（スープ2人分）

にんにく ― 4かけ　　塩 ― 小さじ1/4
じゃがいも ― 1個　　こしょう ― 適量

1. にんにくは皮ごとグリルで焼く（両面焼きで9分、片面焼きの場合は5分焼き、上下を返してさらに5分焼く）。皮ごとつぶし、芯と皮を取る。　**2.** じゃがいもはさっと水にくぐらせ、ラップで包んで電子レンジで5分加熱する。皮をむいてつぶし、**1** と塩、こしょうを加えて混ぜあわせる。　**3.** 粗熱がとれたら保存袋に入れ、平らに広げて空気を抜き、口を閉じて冷凍する。

◎食べ方　鍋に凍ったままの **3** を入れ、牛乳1と1/2カップ、生クリーム1/4カップを加えて溶けるまで煮る。塩、こしょうで味を調える。

パプリカペースト

◎材料（スープ2人分）

パプリカ（赤） ― 4個
（半分に切ってたねとわたを取る）
にんにく ― 1かけ

A{ 塩 ― 小さじ1/4
　 こしょう ― 適量
　 顆粒コンソメスープの素 ― 小さじ1/4

1. パプリカとにんにくはグリルか焼き網で15分ほど、皮が黒くなるまで焼く。ボウルに入れ、ラップをかけて蒸らす。　**2.** 粗熱がとれたらパプリカとにんにくの皮をむき、**A** を加えてフードプロセッサーかミキサーでなめらかになるまで撹拌する。　**3.** 保存袋に入れ、平らに広げて空気を抜き、口を閉じて冷凍する。

◎食べ方　鍋に凍ったままの **3** を入れ、牛乳1と1/2カップ、ヨーグルト1/2カップを加えて溶けるまで煮る。塩小さじ1/2、はちみつ少々で味を調える。

牛肉コチュジャン

コチュジャンが効いたピリ辛風味で、人気の韓国風料理が簡単に作れます。
牛肉はもちろん、豚肉やひき肉でもおいしく作れるのでおすすめ。

◎材料（2人分）

牛切り落とし肉 — 200g

A｜ コチュジャン — 大さじ2

　　みりん・砂糖・酢・しょうゆ
　　　— 各小さじ2

　　ごま油・白すりごま — 各大さじ2

　　にんにく（すりおろし）— 1かけ分

◎作り方

1　**A**はよく混ぜあわせる。

2　保存袋に牛肉を入れ、**1**を加えて（写真 **a**）よくもむ。

3　平らに広げて空気を抜き、口を閉じて冷凍する（写真 **b**）。

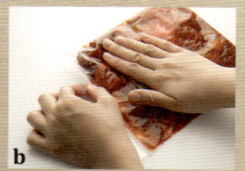

牛肉コチュジャンで

牛肉とキャベツのジンギスカン風

肉にしっかり味がついているので、野菜を入れて炒めるだけ。
冷蔵庫にある残り野菜をおいしく食べ切るのにもおすすめです。

◎材料（2人分）

牛肉コチュジャン
（作り方は42ページ）― 1袋
キャベツ ― 1/6玉（約200g）
もやし ― 1/2パック
塩・こしょう ― 各適量
サラダ油 ― 大さじ1

◎作り方

1 キャベツはざく切りにする。もやしはひげ根を取る。

2 フライパンにサラダ油を熱し、凍ったままの「牛肉コチュジャン」を割り入れ、ふたをして弱めの中火で6～7分加熱する。

3 肉がほぐれるようになったらふたを取り、1を加えて中火で1分半ほど炒めあわせる。塩・こしょうで味を調える。

牛肉コチュジャンで

チャプチェ

春雨が肉や野菜のだしを吸って、全体をおいしくまとめてくれます。
あらかじめ春雨をゆでなくても、具材の上に入れて煮こめばOKだから、とっても簡単!

◎材料（2人分）

牛肉コチュジャン
（作り方は42ページ）
　― 1袋
玉ねぎ ― 1/2個
にんじん ― 1/2本
しいたけ ― 2枚
にら ― 1/2束
春雨 ― 60g
水 ― 1～1と1/2カップ
しょうゆ ― 小さじ1
塩・こしょう ― 各適量
ごま油 ― 大さじ1
卵黄 ― 2個分

◎作り方

1　玉ねぎとしいたけは薄切りにする。にんじんは太めの
　　せん切りにし、にらは3cm長さに切る。

2　フライパンにごま油を熱し、1の玉ねぎ、にんじん、
　　しいたけ、さっと水にくぐらせた春雨の順に重ね入れ、
　　凍ったままの「牛肉コチュジャン」を割りのせる（写真）。

3　水を加え、ふたをして中火にかける。蒸気が出てきた
　　ら弱めの中火にし、7～8分蒸し煮にする。途中、
　　肉の上下を返す。

4　ふたをとって中火にし、春雨に煮汁を吸わせるように
　　混ぜあわせながら5分ほど炒める。しょうゆと塩・こしょ
　　うで味を調える。

5　1のにらを加え、2分ほど炒めあわせる。器に盛り、
　　卵黄をのせる。

牛肉コチュジャンで

ユッケジャンスープ

肉がたっぷりで、献立の主役になるスープ。コクのある辛さがあとをひきます。
ごはんにかけて「クッパ」にするのもおすすめです。

◎材料（2人分）

牛肉コチュジャン
（作り方は42ページ）
　　— 1袋
にんじん — 1/2本
小松菜 — 3株
キムチ — 60g
豆もやし — 1パック
水 — 4カップ
ごま油 — 小さじ2
（お好みで）すりごま — 大さじ1

◎作り方

1　にんじんは4cm長さの短冊切りにする。小松菜は
　4cm長さに切り、キムチはざく切りにする。

2　鍋にごま油を熱し、**1**のにんじん、キムチと豆もやし
　を入れ、中火で2分ほど炒める。

3　水を加え、煮立ったら弱めの中火にし、凍ったままの
　「牛肉コチュジャン」を割り入れる（写真）。肉をほぐし
　ながら3分ほど煮る。途中あくを取る。

4　肉に火が通ったら中火にし、**1**の小松菜を加えてさっ
　と煮る。

5　器に盛り、お好みですりごまをふる。

豚ひきナンプラーレモン

甘酸っぱいさっぱり風味で、エスニック料理のベースにぴったり。
ナンプラーとレモンの下味は、豚肉のほか鶏肉にもおいしくなじみます。

◎材料（2人分）

豚ひき肉 ― 200g

A レモン汁 ― 小さじ1
　 ナンプラー ― 小さじ2
　 にんにく（すりおろし）
　 ― 1/2かけ分

◎作り方

1　Aはよく混ぜあわせる。

2　保存袋に豚ひき肉を入れ、1を加えてよくもむ（写真 a）。

3　平らに広げて空気を抜き（写真 b）、口を閉じて冷凍する。

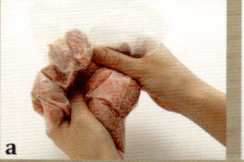

冷凍前の＋αで
自家製冷食
にもなります!

作り方は
51ページ

豚ひきナンプラーレモンで

きゅうりのひき肉炒め

ナンプラー味にくたっと炒めたきゅうりがおいしい！
しょうがでアクセントを添えたエスニック風味が、意外とごはんに合うんです。

◎材料

豚ひきナンプラーレモン
（作り方は46ページ）— 1袋
しょうが（せん切り）— 1かけ分
きゅうり — 3本
酒 — 大さじ1
しょうゆ — 少々
塩・こしょう — 各適量
オリーブ油 — 小さじ2

◎作り方

1　きゅうりは縞目にむいて縦半分に切る。スプーンでたね
を取り、斜め細切りにする。

2　フライパンにオリーブ油を熱し、凍ったままの「豚ひき
ナンプラーレモン」を割り入れる。しょうがを加え、弱
めの中火で6〜7分加熱する。

3　肉がほぐれるようになったら中火にし、**1**を加えて2分
ほど炒めあわせる。酒をふり、しょうゆと塩・こしょうで
味を調える。

豚ひきナンプラーレモンで

ガパオライス

タイ料理の定番、ガパオライスも「豚ひきナンプラー」があれば簡単に完成。
多めの油でちりちりに焼いた目玉焼きをのせて、本場の味を楽しんで。

◎材料（2人分）

豚ひきナンプラーレモン
（作り方は46ページ）— 1袋
ピーマン — 2個
たけのこ — 小1本（約100g）
赤唐辛子 — 2本
酒 — 大さじ1
A ┤ オイスターソース — 小さじ1
　 └ 塩・こしょう — 各適量
バジル — 8枚
卵 — 2個
サラダ油 — 小さじ1＋小さじ2
ごはん — 300g
レモン（くし形切り）— 適量

◎作り方

1　ピーマンとたけのこは1cm角に切る。赤唐辛子は半分に折ってたねをとる。

2　フライパンにサラダ油小さじ1を熱し、凍ったままの「豚ひきナンプラーレモン」を割り入れ、弱めの中火で4〜5分加熱する。

3　肉がほぐれるようになったら中火にし、1の赤唐辛子を入れて炒める。香りが出たらピーマンとたけのこを加え、2分ほど炒めあわせ、酒をふる。

4　Aを加え、ひと混ぜして火を止め、バジルをちぎり入れる。

5　目玉焼きを作る。別のフライパンにサラダ油小さじ2を熱し、卵を割り入れる。白身の端がちりちりになるまで強火で焼く。

6　器にごはんを盛り、4をかけて5をのせる。お好みでレモンを添える。

豚ひきナンプラーレモンで

タイ風春雨サラダ

お店で食べるような甘酸っぱいピリ辛サラダが、手軽に作れます。
たっぷりの香菜でさらにおいしく。赤唐辛子の量はお好みで調節してください。

◎材料（2人分）

豚ひきナンプラーレモン
（作り方は46ページ）— 1袋
春雨 — 80g
紫玉ねぎ — 1/4個
セロリ — 1/2本
赤唐辛子 — 1本
A ┤ 塩・こしょう — 各適量
　 ├ 酢 — 大さじ1
　 └ はちみつ — 小さじ1/2
オリーブ油 — 大さじ1
香菜 — 適量

◎作り方

1　春雨は大きめのボウルに入れ、かぶるくらいの熱湯を注ぎ、6分ほどつけて戻す。ざるにあげ、粗熱がとれたらはさみで食べやすい長さに切る。

2　紫玉ねぎは薄切りにし、5分ほど水にさらし、水けをきる。セロリは筋を除き、茎を薄切りに、葉をざく切りにする。赤唐辛子はたねを取って小口切りにし、Aを加えて混ぜあわせる。

3　フライパンにオリーブ油を熱し、凍ったままの「豚ひきナンプラーレモン」を割り入れ、弱めの中火で5〜6分加熱する。肉がほぐれるようになったら中火にし、ほぐしながら2分ほど炒める。

4　大きめのボウルに1を入れ、2、3を加えて混ぜあわせる。器に盛り、香菜の葉先をのせる。

ひき肉と冬瓜のエスニックスープ

ひき肉からしみ出すうまみと下味を生かした、食べるスープ。
お好みで、仕上げにレモンをたっぷり絞ってもおいしくいただけます。

◎材料(2人分)

豚ひきナンプラーレモン
(作り方は46ページ)
　　― 1袋
冬瓜 ― 200g
A 〈 酒 ― 大さじ2
　　水 ― 3カップ
　　塩 ― 少々
しょうが(せん切り) ― 1かけ分
粗びき黒こしょう ― 適量

◎作り方

1　冬瓜は厚めに皮をむき、1.5cm角に切る。

2　鍋に凍ったままの「豚ひきナンプラーレモン」を入れ、**1**と**A**、しょうがを加え、弱めの中火で煮る(写真)。

3　肉をほぐしながら煮立ててあくを取り、ふたをずらしてさらに20分ほど煮る。

4　器に盛り、粗びき黒こしょうをふる。

冷凍前の＋αで自家製冷食

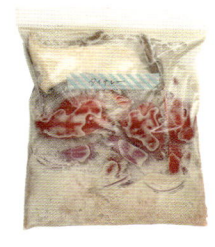

タイカレー

冷凍前の豚ひきナンプラーに、
ココナッツミルクとカレーペーストをオン。
マイルドなほどよい辛さで、
辛いものが苦手な人にもおすすめのカレーです。

◎材料（2人分）

冷凍前の<u>豚ひきナンプラーレモン</u>
（作り方は46ページ）― 1袋
紫玉ねぎ ― 1/4個
赤ピーマン ― 2個
エリンギ ― 1本
A ｛ グリーンカレーペースト ― 小さじ2
　　ココナッツミルク ― 200g

水 ― 1〜1と1/2カップ
塩・こしょう ― 各適量
ごはん ― 400g
香菜 ― 適量
レモン（くし形切り） ― 適量

◎作り方

1 紫玉ねぎは1cm幅のくし形切りにする。赤ピーマンはたねを取り、縦8等分に切る。エリンギは縦の薄切りにする。
2 保存袋に、冷凍前の「豚ひきナンプラーレモン」、1の紫玉ねぎ、赤ピーマン、エリンギの順に重ね入れ、混ぜあわせたAを加える。
3 平らに広げて空気を抜き、口を閉じて冷凍する。

◎食べ方

4 鍋またはフライパンに凍ったままの3と水を入れ、弱めの中火で15分ほど煮る。塩・こしょうで味を整える。
5 器にごはんを盛り、香菜とレモンを添える。4を盛る。

鶏ひき酒塩

アレンジしやすく使いやすいシンプルな下味で、どんな肉にでも応用できます。
菜箸などで線をつけておくと、冷凍後に割りやすくなって便利です。

◎材料（2人分）

鶏ももひき肉 ― 200g

A { 塩 ― 小さじ1弱
    酒 ― 大さじ1
    しょうが（すりおろし）― 1かけ分

◎作り方

1　Aはよく混ぜあわせる。

2　保存袋にひき肉を入れ、**1**を加えて（写真 a）よくもむ。

3　平らに広げて空気を抜き（写真 b）、口を閉じて冷凍する。

鶏ひき酒塩で

ワンタンスープ

ひき肉は、溶けてもくずれず、平たいお団子のような仕上がりになります。
野菜はお好みのもので○K。仕上げに卵を溶き入れるのもおすすめです。

◎材料（2人分）

鶏ひき酒塩
（作り方は52ページ） ― 1袋
チンゲン菜 ― 1株
A ┤ 水 ― 3カップ
　　 酒 ― 大さじ1
　　 しょうゆ ― 小さじ1
塩・こしょう ― 各適量
ワンタンの皮 ― 10枚

◎作り方

1　チンゲン菜は茎と葉を分けて縦4等分に切る。

2　凍ったままの「鶏ひき酒塩」を小さく割るか2cm角に
　　切り、鍋に入れ、Aを加えて中火で煮る。煮立った
　　らあくを取り、5分ほど煮て1を加える。

3　塩・こしょうで味を調え、ワンタンの皮を1枚ずつちぎ
　　り入れてさっと煮る。

鶏ひき酒塩で

白菜と鶏ひき肉の花鍋

白菜の間に「鶏ひき酒塩」を割り入れて、肉のうまみをしっかり吸わせます。
ここではゆずこしょうを添えましたが、豆板醬や唐辛子でもおいしくいただけます。

◎**材料（2人分）**

鶏ひき酒塩
（作り方は52ページ）― 1袋
白菜 ― 1/4玉（約400g）
A { 酒 ― 1/4カップ
　　 水 ― 大さじ2
しょうゆ ― 小さじ1/2
（お好みで）ゆずこしょう ― 適量

◎**作り方**

1　白菜は鍋の高さに合わせて切り、鍋に立てて入れる。

2　**1**の白菜の間に、凍ったままの「鶏ひき酒塩」を割り入れる（写真）。

3　**2**に**A**を回しかけ、ふたをして弱めの中火で20分ほど蒸し煮にする。しょうゆを回し入れ、ひと煮立ちしたら火を止める。お好みでゆずこしょうを添える。

鶏肉メンチカツ

溶き卵をからめたら、卵が凍らないうちに手早くパン粉をつけるのがコツ。
凍ったまま揚げるので、しっかり火が入るよう、低温から徐々に温度を上げていきます。

◎材料（2人分）

鶏ひき酒塩
（作り方は52ページ）― 1袋
薄力粉 ― 適量
溶き卵 ― 1個分
パン粉 ― 適量
揚げ油 ― 適量
キャベツ（せん切り）― 適量
パセリ ― 適量
（お好みで）ソース ― 適量

◎作り方

1　「鶏ひき酒塩」は凍ったまま4等分に切り、薄力粉、溶き卵、パン粉の順に手早く衣をつける（写真）。

2　鍋に揚げ油を150℃程度の低温に熱し、**1**を入れ、170℃程度まで温度を上げながら、上下を返しつつ5～6分揚げる。

3　器に盛り、キャベツとパセリを盛りあわせ、お好みでソースをかける。

みそ鮭

冷凍で作る簡単なみそ漬け。銀だらや鯛でもおいしく作れます。
みそを密着させて味しみがよくなるよう、ラップできっちり密閉してから保存袋へ。

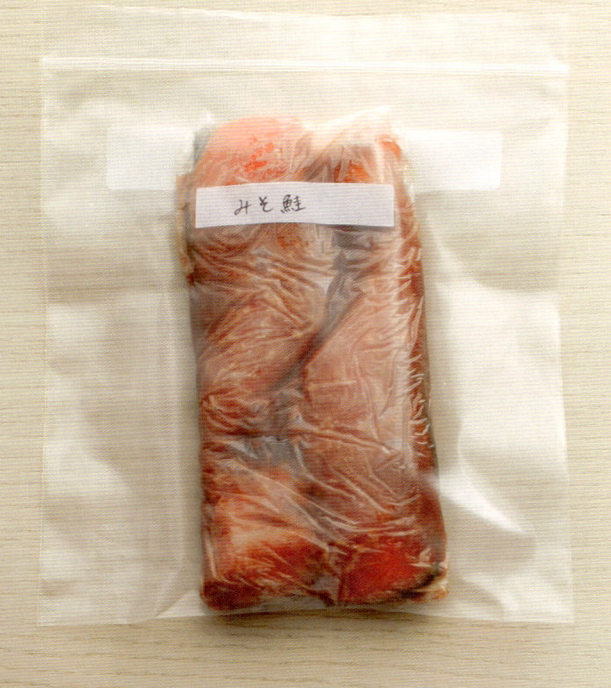

◎**材料（2人分）**

鮭切り身 — 2切れ

A { みそ — 大さじ2
    みりん — 小さじ1

塩 — 適量

◎**作り方**

1 Aはよく混ぜあわせる。

2 鮭は塩をふって10分ほどおき、キッチンペーパーで水けを拭きとる（写真 a）。表面全体に 1 を塗る（写真 b）。

3 2をラップで包み、保存袋に入れる。空気を抜き、口を閉じて冷凍する。

a

b

**冷凍前の＋αで
自家製冷食
にもなります！**

作り方は
59ページ

みそ鮭で

鮭のチーズ焼き

野菜とチーズをのせて、子どもにも人気のグラタン風に。
鮭のみそ味の鮭とチーズが味を決めてくれるので、焼くだけでおいしく!

◎材料 (2人分)

みそ鮭
(作り方は56ページ) — 1袋
玉ねぎ — 1/2個
トマト — 1個
ピザ用チーズ — 80g
パン粉 — 適量

◎作り方

1　玉ねぎは薄切にする。トマトは半分に切って5mm厚さに切る。

2　グラタン皿にオリーブ油 (分量外) を薄くひき、1の玉ねぎ、トマト、凍ったままの「みそ鮭」の順に重ね入れる。

3　ピザ用チーズとパン粉をふり、温めたオーブントースターで12分ほど、鮭に軽くこげ目がつくまで焼く。

みそ鮭で

鮭の炊きこみごはん

鮭と昆布のだしをごはんに吸わせて、具だくさんの炊きこみごはんに。
鍋で作ると短時間で炊き上がりますが、炊飯器でもOK。鮭に塗ったみそが味の決め手。

◎**材料（2人分）**

みそ鮭
（作り方は56ページ）― 1袋
しめじ ― 1パック
にんじん ― 1/2本
れんこん ― 80g
米 ― 2合（洗ってざるにあげておく）
A｛ 酒 ― 大さじ2
　｛ 水 ― 酒を足して2カップ
　｛ 昆布 ― 5cm角1枚
塩 ― 小さじ1/3
（あれば）すだち（輪切り）― 適量

◎**作り方**

1　しめじはいしづきを取ってほぐす。にんじんは7mm厚さのいちょう切りにする。れんこんはごく薄いいちょう切りにして5分ほど水にさらし、水けを拭きとる。

2　鍋に米を入れ、Aを加えてさっと混ぜる。凍ったままの「みそ鮭」をのせ、まわりに1のしめじとにんじんをのせる。ふたをして強火にかけ、沸騰したらごく弱火にして10〜15分炊く。

3　炊き上がったら7分ほど蒸らし、塩で味を調える。1のれんこんを加えてふたをし、そのまま2〜3分蒸らす。鮭を取り出して骨を取り、戻してさっくりと混ぜあわせる。

4　器に盛り、あればすだちをのせる。

冷凍前の＋αで自家製冷食

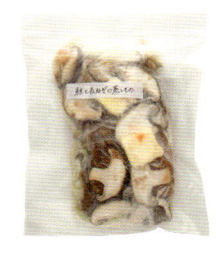

鮭と長ねぎの蒸しもの

鮭に下味をつけたら、ねぎとしいたけをのせて冷凍します。
バターが効いたおしゃれな和洋風蒸しものが手軽に。

◎**材料（2人分）**

冷凍前のみそ鮭
（作り方は56ページ）― 1袋
長ねぎ ― 1本
しいたけ ― 4枚
バター ― 大さじ2

酒 ― 大さじ2
（お好みで）九条ねぎ、万能ねぎ（ともに斜め切り）― 各適量

◎**作り方**

1　長ねぎは斜め薄切りに、しいたけは
　　薄切りにする。
2　ラップを広げ、**1**の長ねぎ、冷凍前の
　　「みそ鮭」、**1**のしいたけ、バターの
　　順に重ね、包んで保存袋に入れる。
3　平らに広げて空気を抜き、口を閉じ
　　て冷凍する。

◎**食べ方**

4　フライパンに凍ったままの**3**を入れ
　　て酒をふり、ふたをして弱めの中火
　　で15分蒸す。お好みで、九条ねぎ、
　　万能ねぎにのせる。

鱈（たら）ハーブ

淡泊な白身魚も、冷凍すると身が締まってうまみもぎゅっと凝縮。
ワインとハーブの香りで仕上がりの味がぐんとおしゃれに。豚肉や鶏肉でもOKです。

◎材料（2人分）

鱈切り身 — 2切れ
塩 — 小さじ1/2
こしょう — 適量
白ワイン — 大さじ1
タイム — 1枝

◎作り方

1　鱈は塩をふって（写真a）5分ほどおき、キッチンペーパーで水けを拭きとる。

2　1にこしょうをふる（写真b）。

3　保存袋に、2と白ワイン、タイムを入れる。平らに広げて空気を抜き、口を閉じて冷凍する。

**冷凍前の＋αで
自家製冷食
にもなります！**

作り方は
64ページ

鱈ハーブで

鱈とブロッコリーのホットサラダ

鱈のうまみを豆とブロッコリーがしっかりキャッチしてくれるごちそうサラダ。
唐辛子の効いたピリ辛味で、ビールやワインともよく合います。

◎材料（2人分）

鱈ハーブ
（作り方は60ページ）
　— 1袋
ブロッコリー — 1/2個
赤唐辛子 — 1本
いんげん豆水煮（缶詰）
　— 150g

オリーブ油 — 大さじ2
白ワイン — 大さじ2
レモン汁 — 大さじ1
塩 — 小さじ1/3
こしょう — 適量

◎作り方

1 ブロッコリーは小房に切り分ける。赤唐辛子は半分に折ってたねを取る。

2 フライパンに凍ったままの「鱈ハーブ」、いんげん豆水煮、1の赤唐辛子を入れ、オリーブ油と白ワインをふる。ふたをして、弱めの中火で10分ほど蒸す。

3 2に1のブロッコリーをのせ、再びふたをして5分ほど蒸す。レモン汁を加え、塩、こしょうで味を調える。

鱈じゃがコロッケ

ブラジルやポルトガルでポピュラーな鱈のコロッケを家庭でも手軽に。
ケイパーが味と食感のアクセントになって、いくつでも食べられそう。

◎材料 (2人分)

鱈ハーブ
(作り方は60ページ) ― 1袋

A ┤ 牛乳・水 ― 各1カップ
  └ にんにく (つぶしたもの) ― 1かけ

じゃがいも ― 2個

玉ねぎ ― 1/4個

B ┤ ケッパー ― 小さじ2
  └ 塩・こしょう ― 各適量

薄力粉・パン粉 ― 各適量

溶き卵 ― 1個分

揚げ油 ― 適量

粗塩 ― 適量

レモン (くし形切り) ― 適量

◎作り方

1 鍋に凍ったままの「鱈ハーブ」を入れ、**A**を加えて火にかける。煮立ったら弱めの中火にし、10分ほど煮る。粗くほぐし、皮と骨を取る。煮汁は残しておく。

2 じゃがいもはさっと水にくぐらせ、ひとつずつラップで包み、電子レンジで5分加熱する。粗熱がとれたら皮をむき、フォークなどで粗くつぶす。

3 玉ねぎはみじん切りにし、**1**の鱈と煮汁大さじ2、にんにく、**2**、**B**を加えて混ぜあわせる。4等分してそれぞれ俵形に成形し、薄力粉、溶き卵、パン粉の順に衣をつける。

4 揚げ油を180℃に熱し、**3**を入れてからりと揚げる。

5 器に盛り、粗塩とレモンを添える。

鱈ハーブで

鱈とカリフラワーのホワイトシチュー

鱈と相性のいいカリフラワーをプラスして真っ白なシチューに。
ほのかなハーブの香りも引き立ちます。

◎**材料（2人分）**

鱈ハーブ
（作り方は60ページ）— 1袋
ホワイトマッシュルーム — 6個
カリフラワー — 1/2個
玉ねぎ — 1/4個
水 — 1カップ
牛乳 — 1と1/2カップ
A 薄力粉・バター — 各大さじ4
塩 — 小さじ1/3
こしょう — 適量
バター — 小さじ2
（お好みで）パセリ — 適量

◎**作り方**

1 「鱈ハーブ」の鱈は凍ったままひと口大に切る。ホワイトマッシュルームは半分に切る。カリフラワーは小房に切り分け、玉ねぎは1cm幅のくし形切りにする。

2 鍋にバター小さじ2を熱し、**1**の鱈以外を入れてさっと炒め、水を加える。煮立ったら**1**の鱈を加え、中火で5分ほど煮る。牛乳を加えてさらに3〜4分煮る。

3 **A**のバターをやわらかく練り、薄力粉を加えて混ぜあわせる。弱火にした**2**に溶き入れ、とろみがつくまで混ぜる。塩とこしょうで味を調える。

4 器に盛り、みじん切りにしたパセリをふる。

鱈とオリーブのトマト煮こみ

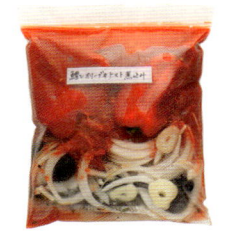

鱈ハーブにトマトと黒オリーブを加えて冷凍保存。
フライパンで煮るだけでイタリア風鱈の煮こみが作れます。

◎材料（2人分）

冷凍前の鱈ハーブ（作り方は60ページ）― 1袋

トマト水煮（缶詰）― 1缶（400g）

玉ねぎ ― 1/2個

赤ピーマン ― 2個

にんにく（薄切り）― 1かけ分

黒オリーブ ― 8個

オリーブ油 ― 大さじ2

水 ― 1/2カップ

塩・こしょう ― 各適量

◎作り方

1 トマト水煮は手でつぶすかはさみで細かく切る。玉ねぎは薄切りにし、赤ピーマンはまるごと手でぎゅっとつぶす。

2 保存袋に、冷凍前の「鱈ハーブ」と黒オリーブを入れ、オリーブ油と**1**、にんにくを加える。

3 平らに広げて空気を抜き、口を閉じて冷凍する。

◎食べ方

4 フライパンに凍ったままの**3**を入れ、水を加える。ふたをして、弱めの中火で15分ほど煮る。ふたを取り、さらに5分ほど煮る。塩・こしょうで味を調える。

Part 2

手間なしで完成する
自家製冷凍食品

ごはんにかける丼ものの具や、

麺やパスタを具材と一緒に冷凍しておくレシピ。

一品でしっかり食べられておなかも満足、

しかも市販の冷凍食品よりずっとおいしくて安心だから

さっと食べたい昼食や夜食、

お留守番する家族のごはんにぴったりです。

上海焼きそば

オイスターソースが効いたおいしい焼きそばが、レンジでチンするだけで完成します。
中華麺は、解凍後にほぐれやすいよう、ごま油を混ぜて冷凍しておくのがコツ。

◎**材料（1人分）**

中華麺 ― 1玉
ごま油 ― 小さじ1
塩・こしょう ― 各適量
にんじん ― 30g
長ねぎ ― 1/2本
豚ばら薄切り肉 ― 60g
A｛ オイスターソース ― 大さじ1/2
｛ しょうゆ ― 大さじ1/2

◎**作り方**

1 にんじんは短冊切りに、長ねぎは斜め薄切りにし、豚肉は1cm幅に切る。

2 中華麺は軽くほぐして保存袋に入れ、ごま油と塩・こしょうを加えてもむ。

3 **2**の保存袋に、**1**のにんじん、長ねぎ、豚肉の順に重ね入れ、混ぜあわせた **A** を加える。

4 平らに広げて空気を抜き、口を閉じて冷凍する。

◎**食べ方**

5 耐熱容器に凍ったままの **4** をのせてふんわりとラップをかけ、電子レンジで3分加熱する（写真）。いったん取り出してよく混ぜ、再びラップをかけてさらに4分ほど加熱する。

焼きうどん

ゴーヤの苦味と牛肉をウスターソースでまとめる変化球の焼きうどん。
あらかじめゴーヤを塩もみしておけば、仕上がりの食感も気になりません。

◎材料（1人分）

ゆでうどん ─ 1玉

サラダ油 ─ 小さじ1

牛切り落とし肉 ─ 60g

塩・こしょう ─ 各少々

玉ねぎ ─ 1/4個

ゴーヤ ─ 1/4本

A ｛ ウスターソース ─ 大さじ2
  ｛ しょうゆ ─ 小さじ1

（お好みで）マヨネーズ・からし
　 ─ 各適量

◎作り方

1　牛肉は塩・こしょうをふる。玉ねぎは薄切りにする。ゴーヤ
　はたねとわたを取って薄切りにし、塩少々（分量外）をふっ
　て5分ほどおき、水けを絞る。

2　保存袋にうどんを入れ、サラダ油を加えてもむ。

3　2の保存袋に、1の玉ねぎ、ゴーヤ、牛肉の順に重ね入れ、
　混ぜあわせたAを加える。

4　平らに広げて空気を抜き、口を閉じて冷凍する。

◎食べ方

5　耐熱容器に凍ったままの4をのせてふんわりとラップをかけ、
　電子レンジで4分加熱する。いったん取り出してよく混ぜ、
　再びラップをかけてさらに1分ほど加熱する。

6　器に盛り、お好みでマヨネーズとからしを添える。

自家製冷凍食品 **no.3**

さっぱりビーフン

ちりめんじゃことナンプラー、レモンでさっぱり味に仕上げた本格ビーフン。
ビーフンは固めに戻して冷凍すれば、解凍後もほどよい弾力が残ります。

◎材料（1人分）

ビーフン ─ 50g

ごま油 ─ 小さじ2

塩・こしょう ─ 各適量

しいたけ ─ 2枚

しょうが（せん切り）─ 1/2かけ分

万能ねぎ ─ 4本

ザーサイ

（味つきまたは塩抜きしたもの）

　　 ─ 20g

ちりめんじゃこ ─ 10g

A ｛ レモン汁 ─ 小さじ1
　　 ナンプラー ─ 小さじ1

◎作り方

1　ビーフンは熱湯に3分ほどつけてざるにあげ、食べやすい長さに切る。ごま油と塩・こしょうを加えて混ぜる。

2　しいたけは薄切りにし、万能ねぎは3cm長さに切る。

3　**1**の粗熱がとれたら保存袋に入れ、**2**のしいたけ、万能ねぎ、しょうが、ザーサイ、ちりめんじゃこの順に重ね入れる。混ぜあわせた **A** を加える。

4　平らに広げて空気を抜き、口を閉じて冷凍する。

◎食べ方

5　耐熱容器に凍ったままの **4** をのせてふんわりとラップをかけ、電子レンジで4分加熱する。いったん取り出してよく混ぜ（写真）、再びラップをかけてさらに2分ほど加熱する。

マーボー麺

甘めの甜麺醤_{テン メンジャン}とピリ辛の豆板醤_{トウ バンジャン}のあわせワザで、本格中華料理店の味に。
具材たっぷり。麺までうまみがしみこんで、冷めても深い味わいです。

◎材料（1人分）

中華麺 — 1玉

ごま油 — 小さじ2

塩・こしょう — 各適量

豚ひき肉 — 80g

にら — 2株

A にんにく・しょうが（ともにみじん切り）
　　　　— 各1かけ分
　水 — 1/4カップ
　しょうゆ・酒・甜麺醤 — 各大さじ1/2
　片栗粉 — 小さじ1
　豆板醤 — 小さじ1/3
　顆粒鶏がらスープの素 — 小さじ1/4
　塩・こしょう — 各適量

（お好みで）ラー油・花椒 — 各適量

◎作り方

1 中華麺は軽くほぐして保存袋に入れ、ごま油と塩・こしょうを加えてもむ。

2 Aはよく混ぜあわせ、豚ひき肉に加えて混ぜる。1の保存袋に入れ、1cm長さに切ったにらを重ね入れる。

3 平らに広げて空気を抜き、口を閉じて冷凍する。

◎食べ方

4 耐熱容器に凍ったままの3をのせてふんわりとラップをかけ、電子レンジで4分加熱する。いったん取り出してよく混ぜ、再びラップをかけてさらに1分ほど加熱する。

5 器に盛り、お好みでラー油、花椒をふる。

ペスカトーレ

砂抜きに時間がかかるアサリも、下ごしらえして冷凍しておくと便利。
魚介のうまみを吸ったパスタが、食べたいときにすぐ楽しめます。

◎材料（1人分）

スパゲティ（太さ1.9mm）— 80g

オリーブ油 — 小さじ2

アサリ — 100g

えび — 4尾

トマト水煮（缶詰）
　　　— 1/2缶（200g）

黒オリーブ — 6粒

にんにく（つぶしたもの）— 1かけ

赤唐辛子 — 1本

A ｛ オリーブ油 — 大さじ1
　　塩 — 小さじ1/2

◎作り方

1 アサリは砂抜きし、流水でこすり洗いする。えびは背わたを取り、塩と片栗粉（ともに分量外）をまぶして軽くもみ、水で洗い流す。

2 トマト水煮は手でつぶすかはさみで細かく切る。ボウルに入れ、黒オリーブ、にんにく、半分に折ってたねを取った赤唐辛子、**A**を入れて混ぜあわせる。

3 スパゲティは塩適量（分量外）を入れた熱湯で、袋の表示より3分短くゆでてざるにあげ、オリーブ油小さじ2を加えて混ぜる。

4 **3**の粗熱がとれたら保存袋に入れ、**1**のえび、アサリ、**2**の順に重ね入れる。平らに広げて空気を抜き、口を閉じて冷凍する。

◎食べ方

5 耐熱容器に凍ったままの**4**をのせてふんわりとラップをかけ、電子レンジで6分加熱する。いったん取り出してよく混ぜ、再びラップをかけてさらに5〜6分加熱する。

明太子といかのパスタ

冷凍しても味が変わらないいかと明太子は、自家製冷食におすすめ。
小さい子どもにも人気のメニューが手軽にできます。

◎材料（1人分）

スパゲティ（太さ1.9mm）— 80g
オリーブ油 — 小さじ2
塩・こしょう — 各適量
辛子明太子 — 1/2腹（約30g）
いか — 30g
バター — 30g

海苔 — 適量
レモン（くし形切り）— 適量

◎作り方

1　スパゲティは塩適量（分量外）を入れた熱湯で、袋の表示より2分短くゆでてざるにあげ、オリーブ油と塩・こしょうを加えて混ぜる（写真）。辛子明太子は薄皮を取って軽くほぐし、いかは皮をむいて細切りにする。

2　1のスパゲティの粗熱がとれたら保存袋に入れ、明太子、いか、バターの順に重ね入れる。

3　平らに広げて空気を抜き、口を閉じて冷凍する。

◎食べ方

4　耐熱容器に凍ったままの3をのせてふんわりとラップをかけ、電子レンジで4分加熱する。いったん取り出してよく混ぜ、再びラップをかけてさらに1分ほど加熱する。

5　器に盛り、細切りにした海苔をかけ、レモンを添える。

ナポリタン

どこか懐かしいナポリタンは、ウスターソースで味を引き締めるのがポイント。
スパゲティはあえて表示通りゆでて、やわらかめに仕上げます。

◎材料（1人分）

スパゲティ — 80g

オリーブ油 — 小さじ2

ハム — 2枚

ピーマン — 1個

玉ねぎ — 1/4個

（あれば）マッシュルーム — 4個

A ケチャップ — 大さじ4
　 ウスターソース — 小さじ1
　 塩・こしょう — 各適量

粉チーズ — 適量

◎作り方

1　スパゲティは塩適量（分量外）を入れた熱湯で、袋の表示通りにゆでてざるにあげ、オリーブ油を加えて混ぜる。

2　ハムは半分に切って7mm幅に、ピーマンはたねを取って5mm幅に切る。玉ねぎとマッシュルームは薄切りにする。

3　**1**の粗熱がとれたら保存袋に入れ、**2**を重ね入れる。混ぜあわせた**A**を加える。

4　平らに広げて空気を抜き、口を閉じて冷凍する。

◎食べ方

5　耐熱容器に凍ったままの**4**をのせてふんわりとラップをかけ、電子レンジで4〜6分加熱する。いったん取り出してよく混ぜ（写真）、再びラップをかけてさらに1分ほど加熱する。

6　器に盛り、粉チーズをふる。

親子丼

下味がしっかりしみた鶏肉が、ふっくらやわらかな仕上がり。
ひたひたに入れた汁がこぼれないよう、袋の口をしっかり閉めましょう。

◎材料（1人分）

鶏胸肉 — 100g

玉ねぎ — 1/4個

A
だし汁 — 1/2カップ

酒・みりん — 各小さじ1

しょうゆ・砂糖 — 各大さじ1

卵 — 2個

ごはん — 200g

みつば — 適量

（お好みで）山椒 — 適量

◎作り方

1 鶏肉は1cm角に切り、玉ねぎは薄切りにする。

2 保存袋に**1**と**A**を入れる。平らに広げて空気を抜き、口を閉じて冷凍する。

◎食べ方

3 小さめの浅いフライパンに凍ったままの**2**を入れ、ふたをして中火にかける。煮立ったらほぐしてあくを取る。

4 鶏肉に火が通ったら、卵を溶き入れる（写真）。火を止め、ふたをして3分ほど蒸らす。

5 器にごはんを盛り、**4**をかけて、みつばを添える。お好みで山椒をふる。

肉豆腐

冷凍した豆腐は、味しみがよくなって新しいおいしさに！
肉のうまみと汁をたっぷり吸って、じゅわっとおいしく食べられます。

◎材料（1人分）

牛切り落とし肉 ― 100g

焼き豆腐 ― 1/2丁

長ねぎ ― 1/2本

しめじ ― 1/4パック

A { だし汁 ― 1/2カップ

　 酒・砂糖 ― 各小さじ2

　 しょうゆ ― 大さじ1と1/2

（お好みで）山椒・紅しょうが
　　 ― 各適量

◎作り方

1 焼き豆腐は4等分に切り、長ねぎは斜め薄切りにする。しめじはいしづきを取ってほぐす。

2 保存袋に **1** を入れ、牛肉を重ね入れる。混ぜあわせた **A** を加える。

3 平らに広げて空気を抜き、口を閉じて冷凍する。

◎食べ方

4 小さめのフライパンか鍋に凍ったままの **3** を入れ、中火にかける（写真）。煮立ったらほぐしてあくを取る。

5 肉に火が通ったら器に盛り、お好みで山椒をふり、紅しょうがを添える。

ビーフストロガノフ

一品で夕食のメインが決まるビーフストロガノフ。
玉ねぎを冷凍すれば、短時間の加熱でも甘みが出ておいしく仕上がります。

◎材料（1人分）

牛切り落とし肉 — 100g
塩・こしょう — 各適量
薄力粉 — 大さじ1と1/2
玉ねぎ — 1/4個
にんにく（つぶしたもの）
　　　　　— 1かけ
ブラウンマッシュルーム
　　　　　— 3個
A　水 — 1カップ
　　顆粒コンソメスープの素 — 小さじ1/2
　　ケチャップ — 大さじ1
　　ウスターソース — 小さじ2
　　砂糖・塩 — 各小さじ1/4
バター — 大さじ1

赤ワイン — 大さじ2
ごはん — 200g
サワークリーム
　　　　　— 適量

◎作り方

1　牛肉は塩・こしょうで下味をつけ、薄力粉をまぶす。
2　玉ねぎは薄切りにし、ブラウンマッシュルームは半分に切る。
3　保存袋に **1**、**2** の順に重ね入れ、混ぜあわせた **A** を加え、バターをのせる。平らに広げて空気を抜き、口を閉じて冷凍する。

◎食べ方

4　フライパンに凍ったままの **3** を入れ、赤ワインをふる。ふたをして弱めの中火で5〜6分加熱する。肉がほぐれるようになったらふたを取って中火にし、肉をほぐしながら3分ほど、とろみが出るまで煮る。
5　器にごはんを盛り、**4** をかけ、サワークリームをのせる。

使いやすさがアップする
冷凍ストックのアイデア

冷凍保存期間
2～3週間

余りがちな食材は、使いやすい形にして冷凍しておくと、手軽に使えて便利。
冷凍することで食感が変わって、ぐんと使いやすくなる素材もあります。

レモン輪切り
レモンくし形切り

レモンはきれいに洗い、輪切りやくし形切りにして保存袋に入れます。使うときは自然解凍。輪切りはドリンクやサラダにのせて、くし形切りは揚げものや焼きものに添えたり、凍ったまま皮をすりおろしても。解凍すると汁もたっぷり絞れます。

玉ねぎみじん切り
玉ねぎスライス

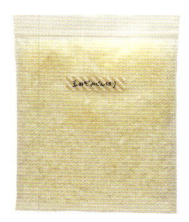

玉ねぎは凍ると甘みが増すので、炒めものや煮ものにぴったり。ふつうなら時間がかかるあめ色玉ねぎが手軽にでき上がるのも魅力です。使いやすいみじん切りや薄切りにして保存袋に入れ、平らに広げて空気を抜いて冷凍します。

パセリ

パックで買って一度使っても、残ってしまいがちなパセリ。シャキッとしているうちに葉先をつんで保存袋に入れ、空気を抜いて冷凍します。そのまま袋の上からたたくと粉々になって、スープやサラダ、パスタのトッピングなどに便利です。

大根おろし

大根は水分が多く、そのまま冷凍するとスカスカに。おろして軽く水けを絞って保存袋に入れ、平らに広げて冷凍します。4等分に筋をつけておくと割りやすくなって便利。自然解凍して焼き魚に添えたり、凍ったままおろし煮などに使います。

長いもとろろ

使うたびすりおろすのは面倒な長いもは、まとめてとろろにして冷凍しておきましょう。保存袋に入れて板状に冷凍し、使う分だけ割って自然解凍します。麦ごはんにかけるほか、刺身と和えたり、山かけにしてみそ汁に和えるのもおすすめです。

生卵

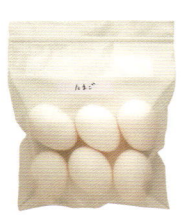

そのまま冷凍すると、黄身が驚くほどもっちりクリーミーに変化します。自然解凍してスコッチエッグや煮ものに使うほか、卵かけごはんも楽しめます。凍ると中身が膨張して、殻にひびが入ることがあるので、必ず保存袋に入れて冷凍庫へ。

Part 3

「あと一品！」がすぐできる
副菜のもと

傷みやすい野菜や豆腐も、簡単に下ごしらえして冷凍。

おいしさが長持ちするだけでなく、

仕上げやすくなるので、

副菜を一品増やしたいときにとっても便利です。

いろんな料理にアレンジしやすい

おすすめを厳選してご紹介します。

角切り豆腐

使いやすい大きさに切ってそのまま冷凍するだけ。スポンジ状になって
冷奴には向きませんが、味しみがよくなるので、煮こみや汁ものにぴったりです。

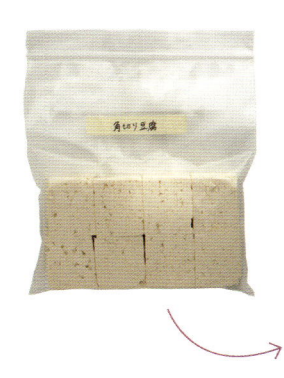

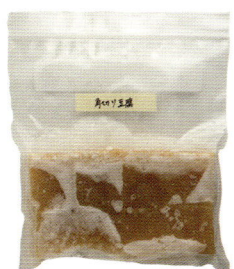

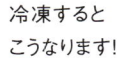

冷凍すると
こうなります!

◎材料（1袋分）
豆腐（木綿）— 1丁

◎作り方

1　豆腐は8等分に切る。保存袋に入れ、空気
　　を抜いて冷凍する。

角切り豆腐で

冷凍豆腐のとろみ煮

汁を吸った高野豆腐のような、濃厚な味わいに。
片栗粉でとろみをつけて、味をよくからませます。

◎材料（2人分）

角切り豆腐 — 1袋　　　　片栗粉 — 大さじ1/2
A｛ だし汁 — 1/2カップ　　（大さじ1の水で溶く）
　 しょうゆ — 大さじ2と1/2　小松菜 — 3株
　 酒・みりん — 各大さじ1
　 砂糖 — 大さじ1/2

◎作り方

1　小松菜は4cm長さに切る。

2　鍋にAを入れて煮立て、凍ったままの「角切り豆腐」
　　を入れ、ふたをして弱めの中火で12分ほど煮る。

3　1を加えてさっと煮、水で溶いた片栗粉でとろみをつ
　　ける。

きくらげと豆腐の中華スープ

冷凍豆腐ならではの存在感が、しみじみおいしい。
最後に軽くくずして、スープとよくなじませます。

◎材料（2人分）

角切り豆腐 ― 1袋	A ┌ 顆粒鶏がらスープの素
きくらげ ― 5g	│ ― 小さじ1/2
卵 ― 2個	│ 水 ― 2と1/2カップ
	│ しょうゆ ― 小さじ2
	│ しょうが（せん切り）
	│ ― 1かけ分
	└ 酒 ― 大さじ1

◎作り方

1 きくらげは水につけて戻し、いしづきをとってひと口大に切る。

2 鍋にAを入れて煮立て、凍ったままの「角切り豆腐」と1を入れ、弱めの中火で10分ほど煮る。

3 豆腐が溶けたら軽くつぶし、卵を溶き入れ、すぐに火を止める。

冷凍豆腐のごま煮こみ

冷凍豆腐ならではの味しみのよさで
じゅわっとおいしい煮こみがスピーディに作れます。

◎材料（2人分）

角切り豆腐 ― 1袋	B ┌ しょうゆ ― 大さじ1
A ┌ だし汁 ― 2カップ	│ 白練りごま
│ みりん ― 大さじ2	│ ― 大さじ2と1/2
└ 酒 ― 大さじ2	└ 豆板醤（トウバンジャン） ― 小さじ1/2
	いんげん ― 8本

◎作り方

1 いんげんは斜め切りにする。Bは混ぜあわせる。

2 鍋にAを入れて煮立て、凍ったままの「角切り豆腐」を入れる。ふたをして、弱めの中火で12分ほど煮る。

3 2に1を加えて混ぜあわせ、1分ほど煮る。

塩もみにんじん

パックで買って余ったにんじんは、しなびる前にぜひ冷凍を。
せん切りにして塩もみしておくと、ナムルやサラダなどにアレンジしやすくなります。

◎材料（4袋分）
にんじん ― 4本
塩 ― 小さじ1/4

◎作り方
1 にんじんはせん切りにし、ボウルに入れて塩を
ふる。5分ほどおいてよくもみ、水けを絞る。
2 保存袋に**1**を1/4量ずつ入れる。平らに広
げて空気を抜き、口を閉じて冷凍する。

塩もみにんじんで

ミントラペ

人気のラペサラダを、オレンジとミントでさわやかに。
にんじんは、ドレッシングと和えると自然に溶けます。

◎材料（2人分）

塩もみにんじん ― 1袋	A ┌ ヨーグルト ― 大さじ2
オレンジ ― 1/2個	│ 赤ワインビネガー
	│ ― 小さじ2
	│ オリーブ油 ― 大さじ1
	└ 塩・こしょう ― 各適量
	ミント ― 適量

◎作り方
1 オレンジは皮と薄皮をむき、小さくちぎる。
2 ボウルに**A**を混ぜあわせ、凍ったままの「塩もみに
んじん」と**1**、ミントを加えて混ぜあわせ、10分ほ
どおく。

塩もみにんじんで

にんじんのたらこ和え

たらことだしが醸す、滋味深いやさしい味。
スピーディにできて、箸休めにぴったりの名脇役です。

◎材料（2人分）

塩もみにんじん ― 1袋	A	だし汁 ― 大さじ2
たらこ ― 1/4腹		しょうゆ ― 小さじ1
（大さじ1/2）		みりん・酒
		― 各大さじ1/2

◎作り方

1　たらこは薄皮を取って軽くほぐし、Aを加えて混ぜあわせる。

2　耐熱容器に凍ったままの「塩もみにんじん」をのせて1を加える。ふんわりとラップをかけ、電子レンジで1分加熱する。

塩もみにんじんで

にんじん卵焼き

ほんのりバターが香る、卵焼きのアレンジ。
お弁当のアクセントにもおすすめです。

◎材料（2人分）

塩もみにんじん ― 1袋	A	みりん ― 小さじ2
卵 ― 3個		しょうゆ ― 小さじ1
	バター ― 小さじ2

◎作り方

1　ボウルに卵を割りほぐし、Aを加えて混ぜあわせる。

2　小さめのフライパンにバターを熱し、凍ったままの「塩もみにんじん」を入れ、中火で1分半ほど炒める。

3　2に1を少量流し入れ、手前に折りたたむ。これを数回くり返す。焼きあがったら4等分に切り分ける。

根菜ミックス

火が通るのに時間がかかる根菜は、軽く煮て下ごしらえしておくと、
仕上げがとってもらくちん。下味もしっかりしみて、一石二鳥です。

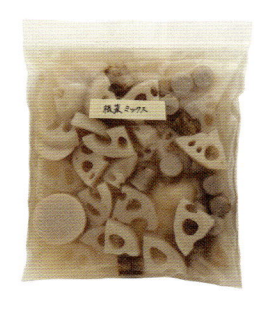

◎材料（4袋分）

れんこん — 400g
里芋 — 4個
ごぼう — 細め4本（約250g）
A｛ だし汁 — 5カップ
　 酒 — 1/2カップ
　 塩 — 小さじ1

◎作り方

1 れんこんは1cm厚さのいちょう切りにする。
里いもは皮をむいて塩でもみ、半分に切る。
ごぼうは皮をこそげて2cm長さの斜め切りにする。

2 鍋にAと1を入れ、ふたをして弱火で10分
ほど煮る。

3 2の粗熱がとれたら、1/4量ずつ汁ごと保存
袋に入れ、空気を抜いて冷凍する。

根菜ミックスで

豚汁

根菜は一度火を通してあるから、溶かして
温めるだけ。食べたいときにすぐ作れます。

◎材料（2人分）

根菜ミックス — 1袋
水またはだし汁 — 2カップ
油揚げ — 1/2枚
豚こま切れ肉 — 150g
みそ — 大さじ2
ごま油 — 少々
（お好みで）長ねぎ（小口切り）、
七味唐辛子 — 各適量

◎作り方

1 油揚げは熱湯を回しかけて油抜きをし、5mm幅に
切る。

2 鍋にごま油を熱し、豚肉を入れてさっと炒める。凍っ
たままの「根菜ミックス」と水またはだし汁を加え、
ふたをして弱めの中火で7〜8分加熱する。

3 「根菜ミックス」が溶けたら、1を加えてひと煮立ち
させ、みそで味を調える。お好みでねぎをのせ、七
味唐辛子をふる。

和風ラタトゥイユ

いつものラタトゥイユを根菜でアレンジ。
煮もの感覚で、和風の献立にもよく合います。

◎材料（2人分）

根菜ミックス — 1袋	しょうゆ — 小さじ1/3
ミニトマト — 10個	こしょう — 適量
にんにく（つぶしたもの）	オリーブ油 — 小さじ2
— 1/2かけ	イタリアンパセリ — 適量

◎作り方

1 ミニトマトはへたをとる。
2 フライパンにオリーブ油を熱し、にんにくを入れて弱火で炒める。香りが出たら中火にし、**1**を加えてさっと炒めあわせる。
3 **2**に凍ったままの「根菜ミックス」を入れ、ふたをして10分ほど蒸し煮にする。
4 ふたを取り、しょうゆとこしょうを加え、汁けが少なくなるまで強火で炒めあわせる。器に盛り、みじん切りにしたイタリアンパセリをふる。

根菜とベーコンのチャンプルー

たっぷりの根菜を、ベーコンでボリュームアップ。
ベーコンの塩気でさらにおいしく食べられます。

◎材料（2人分）

根菜ミックス — 1袋	卵 — 1個
ベーコン（厚切り）— 80g	ごま油 — 小さじ2
しょうゆ — 小さじ1	万能ねぎまたは
塩 — 小さじ1/4	小ねぎ — 適量
こしょう — 適量	

◎作り方

1 ベーコンは2cm角に切る。ねぎは小口切りにする。
2 フライパンにごま油を熱し、凍ったままの「根菜ミックス」を入れ、ふたをして弱めの中火で10分ほど加熱する。
3 「根菜ミックス」が溶けたら中火にし、**1**のベーコンを加えて2分ほど炒めあわせる。しょうゆと塩、こしょうで味を調え、汁けが少なくなるまで強火で2分ほど炒める。卵を溶き入れてさっとひと混ぜする。
4 器に盛り、**1**のねぎを散らす。

きのこミックス

きのこは冷凍するとうまみがアップ。使うときは、袋から出して軽くゆでます。
長くゆですぎるとうまみが逃げてしまうので、2分程度でさっと湯から上げて。

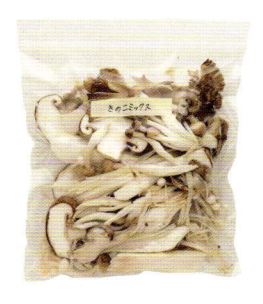

◎材料（4袋分）

エリンギ ― 1パック
しいたけ ― 1パック
まいたけ ― 2パック
しめじ ― 1パック
えのきだけ ― 1パック

◎作り方

1　きのこはすべていしづきを取る。エリンギは縦に細くさき、しいたけは5mm幅に切る。まいたけとえのきだけはほぐし、しめじは小房に分ける。
2　1を混ぜ、1/4量ずつ保存袋に入れる。
3　平らに広げて空気を抜き、口を閉じて冷凍する。

きのこミックスで

きのことたこのサラダ

たことグレープフルーツの組み合わせが新鮮。
くせのない味で、箸がすすみます。

◎材料（2人分）

きのこミックス ― 1袋	A　オリーブ油 ― 大さじ2
ゆでたこの足	白ワインビネガー
― 2本（約160g）	― 小さじ2
グレープフルーツ ― 1個	塩 ― 小さじ1/3
	こしょう ― 適量
	粒マスタード ― 小さじ1
	（お好みで）青唐辛子（輪切り）
	― 少々

◎作り方

1　鍋に湯を沸かし、凍ったままの「きのこミックス」を入れて2分ほどゆで、ざるにあげる。グレープフルーツは皮と薄皮をむき、小さくちぎる。たこは薄切りにする。
2　ボウルにAを混ぜあわせる。
3　きのこの粗熱がとれたら、2のボウルに1を加えて混ぜあわせる。お好みで青唐辛子も混ぜる。

きのこミックスで

きのこスープ

きのこと昆布のうまみのおかげで
シンプルな味つけでも奥深い味わいが楽しめます。

◎材料（2人分）

きのこミックス ― 1袋 　　しょうゆ ― 小さじ2
A ┤ 昆布 ― 5cm角1枚 　塩 ― 少々
　　水 ― 2カップ 　　（お好みで）粗びき黒こしょう
　　酒 ― 大さじ2 　　　　 ― 適量

◎作り方

1 鍋に凍ったままの「きのこミックス」と **A** を入れ、弱めの中火で15分ほど煮る。

2 しょうゆと塩で味を調える。器に盛り、お好みで粗びき黒こしょうをふる。

きのこミックスで

きのこの梅めんつゆ和え

梅肉を効かせた、和風ナムル。
手軽なのに、大葉の香りで気のきいた一皿に。

◎材料（2人分）

きのこミックス ― 1袋

梅干し ― 1個

めんつゆ・ごま油 ― 各小さじ2

大葉 ― 2枚

◎作り方

1 鍋に湯を沸かし、凍ったままの「きのこミックス」を入れて2分ほどゆで、ざるにあげる。

2 梅干しはたねを取ってたたき、めんつゆとごま油を加えて混ぜあわせる。

3 **1** の粗熱がとれたら、**2** を加えて混ぜあわせる。器に盛り、大葉をちぎってのせる。

堤 人美（つつみ ひとみ）

料理研究家。料理家のアシスタントを経て独立。身近な食材を使ってセンスよく
仕上げる料理は、作りやすくておいしいと、幅広い世代に好評。書籍や雑誌の
ほか、企業のレシピ開発やCMの料理制作などでも活躍中。近著に『豆乳が
おいしくしてくれる毎日のレシピ おかず・ソースとクリーム・おやつ』（文化出版局）、
『冷めてもおいしい絶品おかず』（永岡書店）など。

撮影	寺岡みゆき
スタイリング	佐々木カナコ
デザイン	塚田佳奈、清水真子（ME＆MIRACO）
調理アシスタント	植田有香子、小谷原文子
編集	中村直子、宮本香菜（宝島社） 松尾はつこ

撮影協力　UTUWA
〒151-0051 東京都渋谷区千駄ヶ谷3-50-11　明星ビルディング1F
☎ 03-6447-0070

Special Thanks　大塚悠一郎

いつでもおいしい
冷凍保存のシンプルレシピ

2016年8月20日　第1刷発行
2022年7月5日　第3刷発行

著　者	堤 人美
発行人	蓮見清一
発行所	株式会社宝島社
	〒102-8388　東京都千代田区一番町25番地
	☎ 03-3234-4621（営業）
	☎ 03-3239-0927（編集）
	https://tkj.jp
	振替＝00170-1-170829　㈱宝島社
印刷・製本	株式会社広済堂ネクスト